Birgit Utermarck

Das große Jahreszeiten-Fensterbilder-Buch

Die schönsten Motive

Mit Vorlagen in Originalgröße

Inhalt

8 Fensterschmuck für jede Jahreszeit

10 Material und Hilfsmittel
10 Papiere und Kartons
10 Textile Materialien
11 Die Schneidearbeiten
11 Das Kleben

12 Zur Technik
12 Das Übertragen der Vorlagen auf Papier
12 Das Vorbereiten der Bildteile aus Stoff
13 Das Zusammenfügen der Bilder
13 Das Anfügen der textilen Materialien

14 FRÜHLING
14 Bär
16 Tulpen
18 Frühlingsmaus
20 Clown
22 Osterglockenkranz

24 OSTERN
24 Osterhase als Maler
26 Osterspaziergang
28 Osterhase auf Inline-Skates
30 Im Hühnerhaus
32 Hasenkinder
34 Karten für Ostergrüße

36 SOMMER

- 36 Segelboote
- 38 Mädchen mit Vogel
- 40 Haus im Sommer
- 42 Erstes Sonnenbad
- 44 Fahrradausflug
- 46 Sommerliche Grußkarten

48 HERBST

- 48 Regentag
- 50 Angler im Ruderboot
- 52 Eule
- 54 Gewichtheber
- 56 Spielende Katzen
- 58 Gärtner

60 WINTER

- 60 Eisbärmutter mit Kind
- 62 Rabe auf Schlittschuhen
- 64 Schneemann
- 66 Eskimo
- 68 Winterbären
- 70 Skiläufer
- 72 Drei Pinguine
- 74 Grußkarten zur Winterszeit

76 WEIHNACHTEN

- 76 Gans mit Paket
- 78 Tannenbaum
- 80 Nachtwächter
- 82 Weihnachtsmann
- 84 Hirten
- 86 Kerzen im Schuh
- 88 Schaukelpferd
- 90 Sternenengel

Fensterschmuck für jede Jahreszeit

Fensterbilder sind ein reizvolles Mittel der Raumgestaltung und dabei eine dekorative Begleitung durch das ganze Jahr. Daher folgen die Themen der in diesem Buch in großer Vielfalt vorgestellten Fensterbilder dem Jahreslauf und widmen sich auch den wichtigsten traditionellen Festen, Weihnachten und Ostern.

Als erste Frühlingsboten zeigen sich, stellvertretend für kleine und große Leute, Tiere aus Wald und Garten und genießen die ersten Sonnenstrahlen, da turnt der Bär am Baum, die Maus wiegt sich in der Hängematte und eine Gänseschar marschiert fröhlich durchs Gras. Frühlingsblumen bilden einen schmückenden Kranz. Zum Osterfest kommt der Osterhase ganz im Zeichen der Zeit auf Inline-Skates einher, er versucht sich als Maler, verspielte Hasenkinder üben das Bockspringen.

Der Sommer präsentiert sich mit Aktivitäten im Freien, mit Segelbooten oder einem fröhlichen Fahrradausflug, zwei kleine Bären nehmen ihr erstes Sonnenbad, ein Häuschen strahlt im sommerlichen Blumenschmuck.

Mit Regenschirm, Stiefeln und Kopftuch ist das kleine Mädchen gegen die Herbststürme gerüstet, ein Angler schaukelt noch in seinem Boot, der Gärtner erledigt die letzten Gartenarbeiten. Schneemann und Skiläufer kündigen die kalte Jahreszeit an. Ungewohnt, aber humorvoll kommen drei winterlich gekleidete Bären mit Instrumenten einher, ein Rabe mit flatterndem Schal hat Spaß am Schlittschuhlaufen, drei Pinguine mit warmen Mützen stehen angeregt ins Gespräch vertieft. Bekannte Weihnachtsfiguren zeigen sich von einer ungewöhnlichen Seite, so trägt der Engel die Sterne selbst herbei. Hirten und Schafe, ein Weihnachtsmann mit großem Sack, ein freundlicher „Räuchermännchen"-Nachtwächter, Kerzenschmuck und ein mit Faltherzen dekorierter Tannenbaum vervollständigen die beliebten Weihnachtsmotive.

Charakteristisch für alle hier vorgestellten Fensterbilder ist ihre lebhafte und plastische Wirkung. Das Grundmaterial Tonkarton und Tonpapier wird kombiniert mit farbiger Wellpappe, deren Rillenstruktur einen reizvollen Gegen-

satz bildet zu der glatten Oberfläche der anderen Papiere.
Eine individuelle Note erhalten die Bilder zudem durch die ungewöhnliche Ergänzung mit textilen Materialien. Hier sind Schals, Krawatten und Tücher aus buntem Baumwollstoff gearbeitet, Haare werden aus Stickgarn gefertigt. Leinenfäden bilden die Mähne und den Schweif des Schaukelpferdes, seine Zügel sind aus Lederresten zugeschnitten, der Gärtner transportiert echtes Stroh. Diese ausdrucksvollen Effekte verleihen den Fensterbildern eine ganz besondere und originelle Wirkung.
Einseitig gearbeitet eignen sich die Bilder als Wand- oder Türschmuck. Von beiden Seiten ausgestaltet, sind sie attraktive Fensterdekorationen und stellen ein besonderes Geschenk dar. Beispiele mit wenigen und einfachen Formen können auch Kinder schon gut nacharbeiten. Andere Motive haben einen anspruchsvolleren Aufbau, der sich eher für Fortgeschrittene eignet. Alle Bildmotive sind als Anregung gedacht und lassen sich nach eigenen Ideen und Vorstellungen abwandeln. Eine veränderte Farbgebung, eine andere Anzahl oder Anordnung von Einzelformen kann dem Bild eine ganz neue Wirkung verleihen, genau wie die Verwendung von beliebigen Stoff- oder Garnresten zusätzlich zu den Papierformen oder anstelle eines Kragens, eines Kopftuches oder einer Schleife aus Papier.

Als besondere Variante werden einzelne Motive der Fensterbilder in verkleinerter und vereinfachter Form als Schmuck für Grußkarten gestaltet. Eine Möglichkeit, die sich leicht auf andere Bildteile und Bilder übertragen läßt. Im Innenteil des Buches finden sich daher noch weitere Motivzeichnungen in geeigneter Größe, die natürlich auch als Geschenkanhänger gestaltet werden können. Die Grußkartensammlungen sind in ihrer Zusammenstellung den Jahreszeiten zugeordnet, die vielen anderen im Buch abgebildeten Zeichnungen liefern Motive für Anlässe und Gelegenheiten rund ums Jahr.

9

Material und Hilfsmittel

Papiere und Kartons

Für alle hier vorgestellten Fensterbilder ist das Grundmaterial *Tonkarton* und *Tonpapier*. Sie unterscheiden sich durch ihre Stärke und ihr Gewicht, Tonpapier ist in einer Stärke zwischen 90-150g/qm erhältlich, Tonkarton wird ab 250 g/qm angeboten. Tonkarton ist wegen seiner größeren Stabilität für alle Rahmenkonstruktionen und für größere oder tragende Teile geeignet. Kleinere Details und dekorative Formen lassen sich gut mit Tonpapier herstellen. Beide Papiere sind durchgefärbte Materialien, sie sind aber dennoch nur begrenzt lichtbeständig. Speziell eingefärbtes *Tonzeichenpapier*, z.B. *Canson*, ist lichtbeständiger. Es weist zudem eine interessante, körnig geprägte Oberfläche auf und hat eine reiche Auswahl an besonders schönen Farben. Mit 160 g/qm Gewicht ist es fester als Tonpapier und kann alternativ dazu, aber auch zu Tonkarton eingesetzt werden.

Eine ausdrucksvolle plastische Wirkung erhalten viele Bilder durch die farbige *Wellpappe*. Die feinwellige Rillenstruktur bildet einen reizvollen Gegensatz zu der glatten Oberfläche von Tonkarton und Tonpapier. Im Gegensatz zum bekannten Verpackungsmaterial besitzt diese Wellpappe eine hohe Stabilität und Druckfestigkeit. Sie ist in vielen leuchtenden Farben und auch in Gold- und Silbertönen erhältlich.

Transparentpapier wird für die Gestaltung besonderer Effekte eingesetzt, ebenso *Goldfolie*, ein beidseitig mit Metallfolie kaschiertes Material.

Textile Materialien

Zusätzlich zu den Papieren können Details mit textilen Werkstoffen gestaltet werden. Für kleine Bildteile wie Schals, Fliegen oder Krawatten eignen sich *dichtgewebte, leichte Baumwollstoffe* sehr gut. Die Musterung sollte möglichst klein gehalten sein. In einigen Fällen läßt sich *einfarbiger Baumwolltrikot* (z.B. ein altes T-Shirt) gut verwenden. Wirkungsvoll einsetzen lassen sich *Stickgarnfäden* aus Baumwolle oder Leinen, ebenso *dünner Bindfaden* und *Bastfäden*. Farbige und goldene *Geschenkbänder* bilden hübsche Schmuckteile. *Borsten* (z.B. vom Handfeger) und *Stroh* verstärken den plastischen Eindruck. Besondere Effekte erzielen *Draht* und *Drahtgewebe*, erhältlich in Handwerkermärkten. Für die Kombination von *Leder* mit Papier sollte man nur dünne Qualitäten verwenden.

Die Schneidearbeiten

Die Voraussetzung für sauber ausgeführte Papierarbeiten sind gute Werkzeuge. Dazu gehören *scharfe Scheren* in verschiedenen Größen und Ausführungen. Bei vielen Motiven führt auch ein *Papiermesser (Cutter)* mit auswechselbarer Klinge zu guten Ergebnissen. Bei langen, geraden Linien ist ein *Metallineal* nützlich, an dem der Cutter entlanggeführt wird. Ein *Grafikermesser* mit spitzer Klinge eignet sich gut, um kleine Rundungen und Innenformen auszuschneiden. Beide Papiermesser am besten auf einer schnittfesten Unterlage, z.B. aus *fester Pappe*, oder auf der sogenannten *Schneidewiese (Cutmat)* benutzen.
Achtung: Cutter und Grafikermesser sind für Kinder nicht geeignet. Sie sollten mit einer Schere, möglichst mit abgerundeter Spitze, arbeiten.
Ein *Bürolocher*, gelegentlich auch ein *Locheisen* oder eine *Lochzange*, ist bei einigen Arbeiten hilfreich.

Das Kleben

Bei den Fensterbildern empfiehlt sich als Klebstoff für die Papiere *Alleskleber* (z.B. UHU extra) und *flüssiger Klebstoff* (z.B. UHU flinke flasche). Für das Anbringen von Stickgarnen, Bindfäden, Stroh und für das Vorbereiten der Stoffteile eignet sich *Holzleim* (*Weißleim*, z.B. UHU coll express). Auch die Wellpappe läßt sich gut mit Weißleim verarbeiten. Gelegentlich, z.B. für das Anbringen von Draht, ist ein *Kraftkleber* (z.B. UHU Alleskleber Kraft) erforderlich.

Zur Technik

ANMERKUNG:
Alle Motive für die Fensterbilder befinden sich in Originalgröße auf dem Vorlagebogen. Die Zeichnungsvorlagen für die Grußkarten sind im Innenteil des Buches abgebildet.

Das Übertragen der Vorlagen auf Papier

A. Mit *Bleistift* und *Kohle-* bzw. *Schneiderkopierpapier* die Motive direkt auf Fotokarton oder Tonpapier durchpausen. Die dabei entstehenden Linien anschließend unbedingt mit wegschneiden.
B. Oder *Transparentzeichenpapier* auf die Vorlage legen und das Motiv mit einem *Bleistift (HB)* darauf durchzeichnen. Alle Konturen auf der Rückseite des Transparentpapiers mit einem *weichen Bleistift (2B)* nachfahren. Das Papier mit der Rückseite nach unten auf das Werkmaterial legen und die Linien noch einmal mit einem harten Bleistift durchdrücken. Dabei die Papier- und Kartonlagen mit Klebefilm oder Büroklammern zusammenhalten, um sie gegen ein Verschieben zu sichern.
Diese Methode eignet sich auch gut für das Übertragen der Vorlagen aus dem Innenteil des Buches.

Das Vorbereiten der Bildteile aus Stoff

Um kleine Motivteile auf Stoff zu übertragen, ist die unter B beschriebene Methode günstig. Dabei darauf achten, daß die Vorlage immer auf die Rückseite des Stoffes übertragen wird. Da die betreffenden Motive seitengleich sind, entstehen hier keine Probleme. Die Vorlage dabei so auf den Stoff legen, daß der eingezeichnete Pfeil mit dem Fadenverlauf übereinstimmt. Den Stoff vor dem Ausschneiden mit schnelltrocknendem Holzleim vorbehandeln, damit die Teile dann beim Anbringen auf das Fensterbild nicht ausfransen. Den Klebstoff entlang der Bleistiftlinie auf der Rückseite des Stoffes dünn auftragen (s. Zeichnung) und so die späteren Schnittstellen verkleben (diese Methode eignet sich nicht für Trikot!). Trocknen lassen, dann mit einer *Stoffschere* ausschneiden.

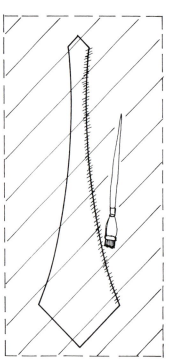

Das Zusammenfügen der Bilder

Fensterbilder sollten zweiseitig gearbeitet werden. Daher den größten Teil der Bildelemente doppelt zuschneiden. Rahmenkonstruktionen werden für eine bessere Stabilität ebenfalls doppelt gefertigt. Dazu die Motive aus Doppellagen von Tonkarton, Tonpapier, Canson oder Wellpappe ausschneiden. Bei der Wellpappe dabei auf den Rippenverlauf achten und die Rippen ineinanderfassen lassen. Die Werkstücke mit Heftklammern zusammenhalten, damit sie nicht verrutschen.

Tip: Beim Zusammenfügen der doppelt geschnittenen Teile diese am besten so drehen, daß die vorgezeichnete Seite nach innen zeigt.

Alle Motivteile vor dem Zusammenfügen zunächst an die vorgesehene Stelle legen und die Wirkung des Bildes überprüfen. Zuerst die großflächigen Bildteile, dann die kleinen Formen ankleben. Bei Rahmenkonstruktionen die fertige Figur so am Rahmen anbringen, daß ein stabiles Bildgefüge entsteht.

Tip: Beim Aufkleben der Teile möglichst wenig Klebstoff verwenden und ihn etwas hinter der Schnittkante ansetzen, damit er nicht hervorquillt und die Ränder zugleich plastisch abstehen. Klebstoff läßt sich mit einem kleinen Stück Pappe gut verstreichen!

Das Anfügen der textilen Materialien

Zunächst nur die Grundform aus den entsprechenden Papieren in den gewünschten Farben anfertigen (s. Zeichnung 1). Für die Haare der Figuren die gewünschte Anzahl an Fäden in der nötigen Länge zuschneiden und so am Kopf befestigen, daß die Enden lose herabhängen. Sie können bei Bedarf nachgeschnitten werden (s. Zeichnung 2). Mit dem angegebenen Bildelement, z.B. einer Mütze, die Klebestellen abdecken. Erst ganz zum Schluß die Motivteile aus Stoff wie Schals, Tücher oder Krawatten im Bild anbringen (s. Zeichnung 3).

ANMERKUNG:

Schere, Alleskleber und Holzleim (Weißleim) sind für jede der vorgestellten Arbeiten nötig. Sie werden daher nicht jedesmal eigens erwähnt.

Zeichnung 1   *Zeichnung 2*   *Zeichnung 3*

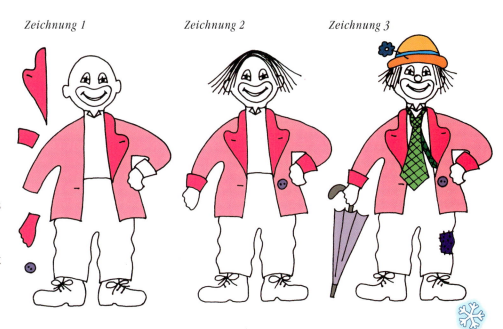

Frühling

Bär

VORLAGE
Motiv 1

MATERIAL
- *Tonkarton in Grün*
- *Canson in Mittelbraun, Rot*
- *Tonpapier in Ocker*
- *blauer Filz*
- *schwarzer Filzstift*

1 Alle Bildteile für den Bären doppelt anfertigen. Beide Teile des Bärenkörpers (ohne Kopf) deckungsgleich aufeinanderkleben, dabei die Tatzen offen lassen. Beidseitig die rote Hose und die Hosenträger anbringen und mit grünen Knöpfen und Hosenklappe verzieren. Jeden Fuß mit einer ockerfarbenen Fußsohle betonen.

2 Aus Filz zwei Westenteile zuschneiden, dabei die Bruchlinie auf den Schultern beachten. Im schraffierten Bereich die „Seitennähte" mit wenig Klebstoff zusammenfügen und die Westenteile über die Arme des Bären ziehen.

3 Den Kopf mit einer Schnauze und Innenohren bekleben, Augen und Nase aufmalen. Auf der Rückseite den Kopf gegengleich ergänzen.

4 Den grünen Ast zweifach zuschneiden. Vor dem Zusammenkleben die Tatzen in der Mitte hindurchführen und jeweils nach vorne und nach hinten umklappen.

Tulpen

VORLAGE
Motiv 2

MATERIAL
- *Tonkarton in Hellblau, zwei verschiedenen Violettönen, Grün*
- *Canson in verschiedenen Gelb- und Grüntönen*
- *Tonpapier in Dunkelblau, Rosa, Lila, verschiedenen Grüntönen*
- *Wellpappe in Rotviolett, Gelb*

1 Für die Tulpenblüten die vorderen Blütenblätter und die Stiele mit den Zwiebelgrundformen aus Tonkarton doppelt herstellen. Drei Stempel aus Wellpappe ebenfalls zweifach schneiden, nur die hinteren Blütenblätter aus Tonpapier einfach fertigen. Die grünen Blätter in verschiedenen Farbabstufungen und die Blumenzwiebeln in Gelb- und Orangetönen jeweils aus Doppellagen von Canson und Tonpapier zuschneiden. Für die 13 Blätter gibt es vier verschiedene Schnittvorlagen.

2 Für jede Tulpenblüte die zwei vorderen Blütenblätter aufeinanderkleben, dann das hintere Blütenblatt anfügen und nur seitlich befestigen. Die gelben Stempel aus Wellpappe dazwischenschieben. An den fertigen Blüten grüne Stengel anbringen und auf die Zwiebeln am unteren Ende gelbe bzw. orangefarbene „Zwiebelschalen" kleben.

3 Einen Blumentopf aus rotvioletter Wellpappe doppelt schneiden und hinter dem oberen Rand die Tulpen und sämtliche Blätter der Vorlage und der Abbildung entsprechend arrangieren. Dabei an jeder Tulpenblüte von vorne bzw. hinten eine Blattspitze befestigen, die den Blüten zusätzlich Halt gibt. Das Fensterbild auf der Rückseite gegengleich gestalten und den zweiten Teil des Topfes dann ergänzen. Zuletzt auf der Vorder- und der Rückseite einige Blätter abknicken.

Frühlingsmaus

VORLAGE
Motiv 3

MATERIAL
- *Tonkarton in Weiß, Hellgrün*
- *Canson in Grau, Rot, Blau, Gelb, Gelbgrün, Schwarz*
- *Perlgarn in Grün*
- *schwarzer Filzstift*

1 Aus hellgrünem Tonkarton drei Bodenbretter einfach und zwei Baumteile doppelt fertigen. Blätter, Grasbüschel, Krokusse und Vogel aus Doppellagen von Canson schneiden.

2 Den zweifach geschnittenen Rahmen aus weißem Tonkarton vor dem Auseinandernehmen markieren, dann deckungsgleich aufeinanderkleben, zuvor die drei Bodenbretter dazwischenfügen. Die Baumteile beidseitig am Rahmen anbringen und auf der Bildrückseite ergänzen. Die Blätter in der Mitte falzen, knicken und mit einer Hälfte an die Äste kleben, die andere steht plastisch hoch. Auf der Rückseite die Gegenstücke anbringen.

3 Für Maus und Hängematte alle Bildteile zweifach aus Canson und Tonpapier herstellen. Der Maus die rote Hose teilweise unter den linken Arm schieben. Das rechte Ohr, die rechte Hand, das rechte Hosenbein und den rechten Fuß von hinten ankleben, die Hand an der gestrichelten Linie abknicken. Das weiße Auge anbringen, Pupille, Schnauze und Bartstoppeln einzeichnen. Unter dem schwarzen Nasenpunkt die Borstenhaare befestigen. Rosa Ohrmuscheln, Fußsohlen und einen langen Schwanz anfügen.

4 Die Maus mit nur wenigen Punkten Klebstoff in der Hängematte (s. Abb.) befestigen und diese zwischen die Bäume hängen. Dafür an beiden Seiten der Matte ein Ende eines ca. 14 cm langen Perlgarnfadens von hinten ankleben, um den Ast herumführen und das andere Ende ebenfalls an der Matte befestigen. Die Rückseite gegengleich arbeiten.

5 Den blauen Vogel mit weißem Auge und schwarz gezeichneter Pupille versehen und auf einen Ast setzen. Zwei Grasbüschel und die Krokusse unten am Rahmen dekorieren. Die Rückseite ergänzen.

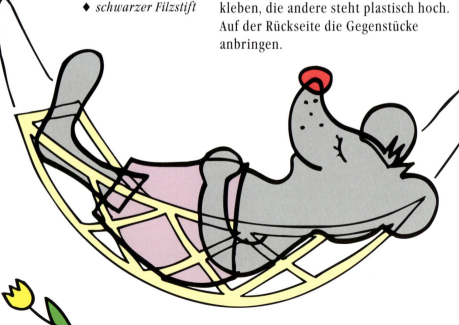

Clown

VORLAGE
Motiv 4

MATERIAL
- *Tonkarton in Mittelgrün, Blau, Hellviolett, Dunkelviolett, Schwarz*
- *Canson in Rot, Weiß, Rosé*
- *Tonpapier in Gelb*
- *dünner karierter Baumwollstoff in Blau*
- *dünner kleingemusterter Baumwollstoff in Rot*
- *gelbes Baumwoll- oder Leinen- stickgarn*
- *Wattekugel (Durchmesser 14 mm)*
- *schwarzer Filzstift*
- *rote Bastelfarbe*
- *Klebestift*
- *dicke Nadel oder Lochzange*

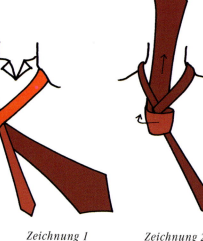

Zeichnung 1   *Zeichnung 2*   *Zeichnung 3*

1 Alle Motive außer dem Schirmstock und den Schuhen doppelt zuschneiden. Die weißen Gesichtsteile schwarz umranden und aufkleben. Schwarze Augen und den roten Mund aufkleben, Striche auf die Augenlider zeichnen.

2 Das Hemd oben einschlitzen, die Ecken nach außen knicken und am Kopf ankleben. Die Hose befestigen. Drei Knopflöcher einschneiden, dann die Jacke anbringen. Beide Jackenhälften nur an der Schulter festkleben. Die Revers und die Ärmelaufschläge etwas nach außen biegen, dann ankleben. Hinter den Ärmeln die Hände ergänzen. Am Knopf zwei Löcher ausstanzen. In jeden Schuh drei Löcher einschneiden, die Stickgarnschnürsenkel durchziehen und zur Schleife binden. Den Schirm mit Stäben und Stock fertigen und dem Clown in die Hand geben.

3 Für die Haare ca. 35 Stickgarnfäden von 15 cm Länge zuschneiden, über den Kopf legen und daran festkleben (s. Seite 13). Den Hut anbringen. Das blaue Hutband nur rechts und links außen mit einem Tupfen Klebstoff befestigen. Eine Blume dahinterstecken. Den Schlips doppelt fertigen (s. Seite 12) und zunächst nur vorne um den Hals knoten (vgl. Zeichnungen 1–3).

4 Für die Rückseite Kopf und Hemdteil getrennt fertigen, den Schlips anknoten und als gesamtes Teil dagegenkleben. Die Bildteile deckungsgleich ergänzen, die Nase besteht hier nur aus einem roten Punkt (Canson).

5 Ein 4,5 x 3 cm großes Stück Stoff als Flicken zur Hälfte vorne an der Hose befestigen (Klebestift!), dabei faltig zusammenschieben. Über die äußere Kante ziehen und auf der Rückseite ankleben. „Nähstiche" anzeichnen. An der Wattekugel eine Rundung abschneiden, die Kugel mit Rot einfärben und auf der Vorderseite im Gesicht des Clowns anbringen.

Osterglockenkranz

VORLAGE
Motiv 5

MATERIAL
- *Tonkarton in Violett, Grün*
- *Canson in verschiedenen Gelb- und Orangetönen, Mittelgrün, Weiß*

1 Einen Ring aus grünem Tonkarton als Kranzunterlage einfach zuschneiden. Die 13 Osterglocken mit Blütenschaft und acht Schneeglöckchen, ihre Stengel sowie 42 Blätter aus Canson doppelt anfertigen.

2 Die grünen Blätter symmetrisch auf beiden Hälften des Kranzes leicht überlappend und etwas versetzt anordnen, dabei immer in der oberen Mitte beginnen.

3 Bei den Osterglocken jeweils einen andersfarbigen Blütenschaft durch den eingeschnittenen Schlitz ziehen und nur das Schaftende von hinten an der Blüte befestigen. Alle Schneeglöckchen an die gebogenen Stengel montieren.

4 Die Osterglocken abwechselnd nach innen und außen gerichtet auf dem Kranz verteilen und nur mit wenigen Punkten Klebstoff befestigen. Die Schneeglöckchen hinter die grünen Blätter stecken und fixieren. Den Kranz auf der Rückseite gegengleich ergänzen.

5 Für die Schleife drei Teile aus Tonkarton zuschneiden. Den geraden Streifen an den gestrichelten Linien falzen, knicken und um die Blätter herumlegen. Die beiden abgeschrägten Schleifenbänder einfügen und darin befestigen.

23

Ostern

Osterhase als Maler

VORLAGE
Motiv 6

MATERIAL
- *Tonkarton in Hellbraun, Mittelgrün, Hellblau, Dunkelblau, Weiß*
- *Canson in Hellrot, Braun, Gelbgrün*
- *Tonpapier in Dunkelblau, Weiß*
- *schwarze Borsten (vom Handfeger)*
- *dünner blaugemusterter Stoff*
- *schwarzer Filzstift*

1 Die Bildteile für den Osterhasen aus Tonkarton und Canson doppelt herstellen, nur den Kopf, den rechten Arm und den Schwanz einfach schneiden.

2 Den Kopf und die grüne Hose mit dem Fuß von hinten an der roten Weste befestigen. Das Gesicht mit Filzstift zeichnen, mehrere Borsten ankleben und die Klebestelle mit der braunen Nase abdecken. Das linke Ohr anfügen und mit einer braunen Ohrmuschel betonen.

3 Aus blauem Tonpapier Längs- und Querstreifen als Karomuster auf die Hose kleben und die Weste mit drei blauen Knöpfen schmücken. Den rechten Arm von hinten befestigen, den linken Arm nur an der Schulter anbringen. Die rechte Hand hält einen Pinsel, die linke den blauen Farbeimer. Den Schwanz an die Hose kleben.

4 Aus hellblauem Tonkarton das Ei doppelt, aus gelbgrünem Canson das Rasenstück einfach zuschneiden. Den Osterhasen so auf dem Rasen plazieren, daß die rechte Hand und der Eimer auf dem Ei befestigt werden können.

5 Aus weißem Tonpapier einen Farbfleck für den Eimer und neun Punkte von 1 cm Durchmesser für das Ei anfertigen, eine rote Zackenlinie aufkleben. Die Rückseite des Fensterbildes entsprechend ausgestalten und dem Hasen ein Halstuch aus Stoff (s. Seite 12) umknoten.

25

Osterspaziergang

VORLAGE
Motiv 7

MATERIAL
- *Tonkarton in Grasgrün*
- *Canson in Weiß, Gelb, Orange*
- *kleingemusterte Baumwollstoffe in verschiedenen Farben*
- *schwarzer Filzstift*

1 Die Grasfläche mit Zaun einfach zuschneiden, die Blüten herausschneiden. Alle weiteren Bildteile doppelt anfertigen (die Füße aller Gänse und die Schnäbel und Füße der Küken sind jeweils identisch). Den Gänsen die Flügel einschneiden und hochbiegen. Allen Tieren Schnäbel und Füße ankleben. Die Augen einzeichnen und die Schnabelmitte betonen.

2 Die Gänse auf dem grünen Rahmenteil ankleben, dabei darauf achten, daß die Hälse weit genug über den Querbalken des Zaunes reichen, daß sie später mit Schleife, Krawatte und Fliege geschmückt werden können. Zwischen die Gänse die Küken gruppieren, dann die Bildrückseite entsprechend gestalten.

3 Wenn das Papierbild komplett ist, den Halsschmuck anbringen. Dazu die Motivteile aus Baumwollstoffen nach der Beschreibung von Seite 12 anfertigen. Für die erste Gans ein rotes Band einfach knoten und mit Klebstoff leicht fixieren. Die Krawatte der mittleren Gans binden (s. Zeichnungen auf Seite 20), am Hals anbringen und nach vorne ziehen, daß sie auch von der Rückseite zu sehen ist. Die Fliege der dritten Gans einfach knoten, fest anziehen und auf der Vorderseite ankleben.

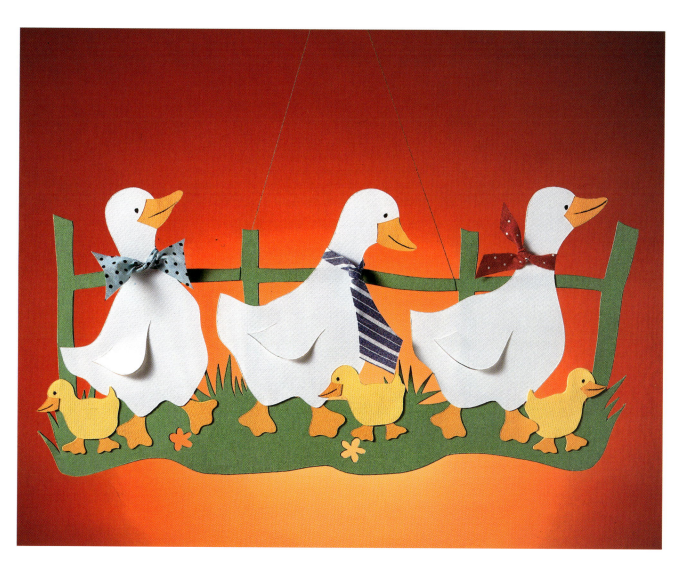

Osterhase auf Inline-Skates

VORLAGE
Motiv 8

MATERIAL
- *Tonkarton in Hellbraun, Mittelblau, Hellgrün*
- *Canson in Türkisblau, Mittelbraun*
- *Wellpappe in Rot*
- *schwarze Borsten (vom Handfeger)*
- *dünner gemusterter Baumwollstoff in Rot*
- *naturfarbener Bast*
- *schwarzer Filzstift*
- *evtl. Locheisen*

1 Kopf, Arme und Beine des Osterhasen aus hellbraunem Tonkarton einfach anfertigen, alle weiteren Bildteile mit Ausnahme der mittelblauen Räder doppelt aus Tonkarton, Canson und Wellpappe zuschneiden.

2 Den Kopf, die Arme und das rechte Hosenbein mit Knie und Stiefel von hinten an dem hellgrünen Pullover anbringen. Das linke Hosenbein ergänzen. Das Gesicht zeichnen, die rote Nase aus Wellpappe aufkleben und darunter die Borstenhaare befestigen. Braune Ohrmuscheln aufkleben.

3 Den Pullover mit schmalen Streifen aus roter Wellpappe schmücken und die Knie mit türkisblauen Knieschützern versehen.

4 Für die Inline-Skates acht Räder von 1,8 cm Durchmesser anfertigen (evtl. Locheisen verwenden) und jeweils mit der oberen Kante von hinten gegen die Stiefelsohle kleben. Türkisblaue und grüne Schmuckstreifen anbringen.

5 Die beiden Teile des Ostereies aufeinanderkleben, mit einem Bastfaden umknoten und in den Rucksack stecken. Den Hasen auf der Rückseite ergänzen. Ein rotgemustertes Tuch zuschneiden (s. Seite 12) und um den Hals knoten.

Im Hühnerhaus

VORLAGE
Motiv 9

MATERIAL
- *Tonkarton in Dunkelgrün, Weiß, Gelb*
- *Canson in Rot*
- *Kükendraht (aus dem Handwerkermarkt)*
- *schwarzer Filzstift*
- *Kraftkleber*

1 Das Hühnerhaus aus dunkelgrünem Tonkarton doppelt herstellen. Beide Teile von innen mit Kraftkleber einstreichen, antrocknen lassen, das passend zugeschnittene Drahtgitter dazwischenlegen und alles von der Bildrückseite her fest aufeinanderdrücken.

2 Für die Henne, die Küken und das Ei sämtliche Motivteile aus Tonkarton bzw. Canson zweifach schneiden.

3 Das Gefieder der Henne in der Reihenfolge der Zahlen (s. Vorlage) aufeinanderkleben. Den roten Kamm und den rechten Kehllappen von hinten an den Vogel montieren, den linken Lappen und den Schnabel auf dem Körper anbringen. Für das Auge einen gelben und einen weißen Kreis übereinanderkleben.

4 Die vier Küken mit weißen Augenpunkten und gelben Flügeln versehen. Mit Filzstift an allen Tieren die Pupillen ergänzen und auf den Schnabel der Henne einen dünnen gebogenen Strich zeichnen. Die Figuren auf dem Hühnerhaus anbringen, dabei Henne und Küken so anordnen, daß sie das untere „Brett" bzw. den äußeren Rahmen berühren (s. Abb.). Zuletzt das Ei plazieren.

5 Die Rückseite deckungsgleich ergänzen. Dabei durch das Drahtgitter hindurch die Vögel mit Klebstoff einstreichen und die passenden Teile gut andrücken.

Hasenkinder

Vorlage
Motiv 10

Material
- *Tonkarton in Hellbraun, Violett und Grün*
- *Canson in Braun, Türkisblau*
- *Wellpappe in Gelb*
- *dünner gemusterter Baumwollstoff in Blau-Weiß*
- *schwarze Borsten (vom Handfeger)*
- *schwarzer Filzstift*

1 Den Rahmen aus Tonkarton doppelt zuschneiden und aufeinanderfügen. Für die Hasen die Bildelemente aus Tonkarton, Canson und Wellpappe zweifach fertigen, den Schwanz der unteren Figur einfach schneiden.

2 Die Gesichter der Hasen mit Filzstift zeichnen, jeweils mehrere Borsten aufkleben und die Klebestellen mit einem braunen Nasenpunkt überdecken. Die Ohren mit Ohrmuscheln bekleben.

3 Bei dem unteren Hasen Kopf und Hose von hinten gegen die Weste kleben. Den rechten Arm auf dem Körper befestigen, den linken Arm von hinten am Oberteil fixieren. Schwanz und Füße ergänzen. An der oberen Figur den Kopf aufkleben, die gelbe Hose aus Wellpappe unter die Arme schieben, festkleben und die Füße auf die Hosenbeine montieren.

4 Den hockenden Hasen auf dem Rasen anbringen und den springenden Hasen so über ihm plazieren, daß seine Pfoten knapp dessen Rücken berühren. Die Ohren der oberen Figur am Querstab des Rahmens befestigen.

5 Die Wiese mit Blumen dekorieren. Dazu Stengel und Blätter aus Tonkarton mit Tulpenblüten aus Wellpappe versehen. Die Rückseite gegengleich ergänzen und bei dem größeren Hasen ein Halstuch aus blau-weißem Baumwollstoff (s. Seite 12) anbringen.

Karten für Ostergrüße

VORLAGEN
s. S. 22, 28, 30, 32

MATERIAL
- *Doppelkarten in Gelb, Violett, Blattgrün, Blaugrün mit passenden Umschlägen (aus dem Papierhandel)*
- *Tonkarton in Hellbraun, Blau, Dunkelviolett, Hellgrün*
- *Canson in Türkisblau, Gelb, Gelbgrün, Blattgrün, Rot, Orange, Weiß, Braun*
- *schwarzer Filzstift*

Henne mit Küken

Vier Gefiederlagen übereinandergeklebt ergeben den Körper der Henne. Den roten Kamm und den rechten Kehllappen von hinten an das Tier kleben, den linken Lappen und einen gelben Schnabel auf dem Körper befestigen. Das Auge besteht aus einem gelben und einem kleineren weißen Oval. Die Henne auf der Karte anbringen und daneben ein gelbes Küken setzen. Beiden Tieren die Pupillen und bei der Henne eine Schnabellinie einzeichnen.

Hase auf Inline-Skates

Den Hasen aus Kopf, Pullover und Hose mit Knien und Stiefeln zusammenfügen, den rechten Ärmel mit Arm aufkleben, den linken Arm ergänzen. Die Figur auf der Karte befestigen, dann acht Räder mit kleinem Abstand zu den Schuhsohlen auf der Karte anbringen. Den Pullover mit roten Streifen schmücken und das Gesicht mit Filzstift zeichnen. Zuletzt die braune Nase anfügen.

Osterglocken

Zwei Osterglocken aus orangefarbenem und weißem Canson zurechtschneiden und durch den gebogenen Schlitz jeweils einen andersfarbigen Blütenschaft schieben. Das Ende des Schaftes auf der Rückseite der Blüte befestigen. Zwei Stiele und drei Blätter auf der Karte anbringen, die Blattspitzen abknicken. An den Stielenden die Blüten mit jeweils nur einem Punkt Klebstoff fixieren.

Cabrio-Fahrer

Aus dem hellbraunen Kopf und dem türkisblauen Rumpf die Hasenfigur zusammenfügen. Das Gesicht zeichnen und die braune Nase aufkleben. Die violette Karosserie mit blauem, hellgrünem und gelbem Zubehör ausschmücken, den Hasen „hineinsetzen" und von hinten befestigen. Arm und Hand mit nur wenigen Punkten Klebstoff anbringen. Das Auto samt Figur auf die Karte montieren und zum Schluß die türkisblauen Räder mit gelben Radnaben ergänzen.

Sommer

Segelboote

VORLAGE
Motiv 11

MATERIAL
- *Tonkarton in Weiß, Hellgrün, Mittelgrün, Türkisblau, Hellrot, Dunkelrot*
- *Canson in Blaugrau*
- *gestreifte Baumwollstoffe in Weiß und Blau*
- *weißer Zwirn*

- *Cutter*
- *Metallineal*
- *Nähnadel*

1 Die Bootskörper und die schmalen Kielstreifen doppelt fertigen. Die Masten mit Cutter und Metallineal zweifach zuschneiden, dann deckungsgleich aufeinanderfügen, dabei eine mittelgrüne Fahne dazwischenkleben. Die Teile von hinten an den Booten befestigen und diese mit den Kielstreifen dekorieren.

2 Aus zwei Baumwollstoffen die Segel zuschneiden (s. Beschreibung auf Seite 11) und an die Masten binden. Dazu einen Zwirnsfaden in eine nicht zu dicke Nadel einfädeln und damit die Segel an den drei bezeichneten Stellen durchstechen. Zwei Fäden jeweils um den Mast binden und daran mit wenig Klebstoff befestigen. Den dritten Faden durch das Boot hindurchführen und dort festknoten.

3 Die obere Wellenreihe einfach, die beiden weiteren Reihen doppelt ausschneiden. Aufeinanderfügen und dabei immer nur die untere Kante mit Klebstoff einstreichen. Die beiden Boote zwischen die Wellen schieben und an dem dahinterliegenden Wellenbogen anbringen. Dabei die Segelboote so eng nebeneinandersetzen, daß das Segel des rechten Bootes am Masten des linken befestigt werden kann. Auf der Rückseite die Bootskörper und die zweite und dritte Welle ergänzen.

4 Für die Aufhängung einen ca. 52 cm langen Faden an den seitlich markierten Punkten anknoten und daran beidseitig drei weiße Möwen anbringen.

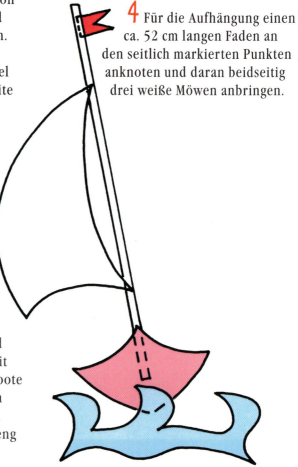

Mädchen mit Vogel

VORLAGE
Motiv 12

MATERIAL
- *Tonkarton in Weiß, Rosa, Hellblau*
- *Canson in Rosé, Gelb, Blau, Violett, Hellgrün*
- *Wellpappe in Blau, Grün, Gelb*
- *dünner Baumwollstoff in Violett*
- *rostbraunes Leinenstickgarn*
- *schwarzer Filzstift*
- *roter Wachsmalstift*

1 Für das Mädchen alle Einzelteile aus Tonkarton, Canson und Wellpappe doppelt anfertigen, die Zaunteile aus grüner Wellpappe nur einfach schneiden.

2 An der weißen Bluse von hinten den Kopf und den Rock mit Beinen, Socken und Schuhen fixieren. Die hellblaue Schürze und die beiden Arme ergänzen. Auf die Schürze blaue Cansonstreifen kleben. Die Augen mit Filzstift zeichnen, die Wangen mit rotem Wachsmalstift betonen. Für die Haare ca. 28 Stickgarnfäden von 13 cm Länge zuschneiden und oben am Kopf befestigen (s. Seite 13), darüber den Hut aus Wellpappe setzen.

3 Für den grünen Zaun fünf Latten quer und längs aufeinanderkleben. Zuerst das Rasenstück, dann das Mädchen daran anbringen. An beiden Seiten des Zaunes bunte Blumen mit grünen Stengeln und Blättern dekorieren. Auf die Hand des Mädchens den kleinen blauen Vogel setzen.

4 Das Bild auf der Rückseite gegengleich arbeiten. Zuletzt aus Baumwollstoff ein 0,8 x 21 cm langes Band anfertigen (s. Seite 12) und um den Hut des Mädchens binden.

Haus im Sommer

Vorlage
Motiv 13

Material
- *Tonkarton in Weiß, Hellrot*
- *Canson in Türkisblau, Dunkelblau, Schwarz, Gelb, Braun, Graubraun*
- *Tonpapier in Grün, Dunkelrot*
- *weißer Folienstift*
- *Cutter*
- *Metallineal*

1 Das Haus inklusive Zaun mit Tür- und Fensteröffnungen (Vorlage: durchgehende dicke Linie) einmal ausschneiden. Fensterflächen und Türfenster herausschneiden.

2 Zunächst die Vorderseite arbeiten. Fensterrahmen und Türblatt (Vorlage: dünne Linien) mit Cutter und Metallineal doppelt anfertigen. Fensterrahmen und das mit eingeschlitztem „Holz"motiv verzierte Türblatt anbringen, an die Tür einen Rahmen setzen. Für das Fachwerk mit Cutter und Metallineal 3 mm breite schwarze Streifen zuschneiden und anbringen.

3 Das hellrote Dachteil doppelt zuschneiden und an der Grundform anbringen. Das Gitter zweifach fertigen und darauf ankleben, erst dann die überstehenden Gitterstreben entlang der äußeren Dachkanten nachschneiden.

4 Aus grünem Tonpapier das Grasteil, die rankenden Pflanzen und die Blumenstengel mit Blättern doppelt herstellen und die Hauskanten damit schmücken. Mit gelben und blauen Blüten dekorieren und vor der Haustür eine Treppenstufe aufkleben. Zwei Raben anfertigen, mit Schnäbeln versehen, Augen mit Folienstift malen und auf den Dachfirst setzen. Auf der Rückseite des Hauses alle Teile deckungsgleich ergänzen.

Erstes Sonnenbad

VORLAGE
Motiv 14

MATERIAL
- *Tonkarton in Ocker, Gelb*
- *Canson in Rostbraun, Rot, Weiß, Dunkelblau, Türkisblau, Rosé*
- *Wellpappe in Rot, Dunkelblau, Hellblau, Braun, Schwarz*
- *dünner gemusterter Baumwollstoff in Rot und in Blau-Weiß*
- *schwarzer Filzstift*

1 Alle Motivteile auf Tonkarton, Canson und Wellpappe übertragen und zweifach herstellen. Die drei roten Segmente aus Wellpappe auf den gelben Schirm aus Tonkarton setzen und den Stock daran befestigen.

2 An beiden Bären das vordere Bein ergänzen und das fehlende Ohr von hinten an den Kopf kleben. Augenpunkte anbringen und Pupillen und Maul zeichnen. Ein Ohr an jeder Figur mit einer roséfarbenen Ohrmuschel versehen, die Nase aus schwarzer bzw. brauner Wellpappe aufkleben.

3 Der rechte Bär erhält eine hellblaue, der linke Bär eine dunkelblaue Hose aus Wellpappe. Mit Hosenträgern vervollständigen und mit roten bzw. gelben Knöpfen schmücken. Die vorderen Hosenbeine jeweils mit einem andersfarbigen Streifen betonen. An der hellblauen Hose einen Flicken aus rotkariertem Stoff anbringen.

4 Den ockerfarbenen Bären an den Sonnenschirm lehnen, dabei den Stock durch den Arm schieben, das rechte Ohr von hinten an den Schirm kleben und das linke auf dem Stock fixieren. Den braunen Bären ebenfalls mit einem Ohr an dem Schirm, mit dem anderen am Stock befestigen. Seinen Arm an den zweiten Bären kleben.

5 Die Rückseite gegengleich ergänzen. Für den ockerfarbenen Bären ein blauweiß gemustertes Tuch anfertigen (s. Seite 12) und um den Hals knoten.

Fahrradausflug

VORLAGE
Motiv 15

MATERIAL
- *Tonkarton in Rot, Hellgrau, Orange*
- *Canson in Türkisblau, Pastellgrün*
- *Tonpapier in Lila, Dunkelblau, Rosa, Pink*
- *naturfarbenes Baumwoll- oder Leinenstickgarn*
- *schwarzer Filzstift*

1 Den roten Fahrradrahmen doppelt ausschneiden, deckungsgleich aufeinanderfügen und dazwischen die einfach zugeschnittenen Reifen, den Korb und das Rücklicht befestigen. Beim Korb Verzierungen einschneiden. Alle weiteren Bildelemente zweifach anfertigen und zunächst die Vorderseite weiterarbeiten.

2 Die beiden Figuren zusammenfügen und auf dem Fahrrad befestigen. Dem kleinen Jungen den Rucksack mit dem Bären über die Schulter schieben, bevor der Arm angeklebt wird. Die Gesichter zeichnen. Den Korb mit Blüten und Blättern füllen. Die Rückseite deckungsgleich ergänzen.

3 Aus 26 Stickgarnfäden von 8 cm Länge die Haare für den großen Jungen anfertigen, für den kleinen etwa 12 Fäden von 6 cm Länge abtrennen. Die Haare jeweils zur Hälfte ihrer Länge vorne am Kopf befestigen, dann über den Oberkopf legen und die andere Hälfte auf der Rückseite jeder Figur befestigen. 12 weitere Haarfäden zwischen Kinderkopf und Rücken der großen Figur ankleben und auf der Rückseite ergänzen.

4 Beidseitig die Kopfbedeckungen anbringen. Bei der zweiteiligen blauen Mütze den Schirm an der oberen Kante knicken und unter das Mützenteil schieben. An der roten Mütze den Schirm vorne einknicken und hochstellen.

Sommerliche Grußkarten

VORLAGEN
s. Seite 36, 44, 46

MATERIAL
- *Doppelkarten in Graublau, Mittelblau, Dunkelblau mit passenden Umschlägen*
- *Tonkarton in Weiß, Mittelgrün*
- *Canson in Rot, Türkisblau, Gelb, Graublau*
- *Tonpapier in Orange, Blau, Rosa, Dunkelgrün, Schwarz*
- *dünner schwarzer Filzstift*
- *Bürolocher*

Frosch

Den Frosch aus grünem Karton zuschneiden und die dunkelgrünen und schwarzen Augenpunkte anbringen. Nasenlöcher und Mund einzeichnen. Aus Canson die Hose mit den Hosenträgern anfertigen und aufkleben. Locherpunkte aus blauem Tonpapier bilden die Knöpfe. Den Frosch mit wenigen Punkten Klebstoff auf der Karte anbringen, die „Arme" dabei lose lassen. Für einen Anhänger den Frosch zweiseitig arbeiten.

Segelboot

Den Bootskörper aus rotem, die Wellenreihe aus türkisblauem Canson zuschneiden. Segel und Mast bestehen aus weißem, die Fahne aus grünem Tonkarton. Den Mast hinter dem Bootskörper anbringen und mit der Fahne schmücken. Das Boot in einer leichten Neigung auf der Karte anbringen und dann das Segel nur mit zwei Punkten Klebstoff befestigen. Die Wellenreihe unten ankleben.

Fahrrad

Den roten Rahmen und die graublauen Reifen aus Canson fertigen und auf der Karte anordnen, dabei die Räder unter den Rahmen schieben. Den orangefarbenen Korb ausschneiden und vorne am Fahrrad befestigen. Blüten aus Tonpapier und Blätter aus Tonkarton mit wenigen Punkten Klebstoff am Korb dekorieren.

47

Herbst

Regentag

VORLAGE
Motiv 16

MATERIAL
- *Tonkarton in Ocker, Rot, Blau, Hellgrün, Dunkelgrün*
- *Canson in Rosé, Türkisblau, Gelb, Mittelbraun, Orange*
- *Tonpapier in Gelbgrün, Dunkelbraun*
- *kleingemusterter Baumwollstoff in Rot*
- *naturfarbenes Baumwollstickgarn*
- *schwarzer Filzstift*
- *roter Wachsmalstift*
- *Klebestift*

1 Alle Bildteile zweifach anfertigen, die dunkelgrüne Standfläche nur einmal zuschneiden. Das Mädchen aus Kopf, Mantel, Beinteilen und Stiefeln zusammenfügen, den Arm nur an der oberen Rundung ankleben und die Hand ergänzen.

2 Auf der Standfläche den mittelbraunen Pfosten anbringen (s. Vorlage) und von der Rückseite deckungsgleich dagegenkleben. Zuvor das Halteschild doppelt aufeinanderfügen und dazwischenschieben. Beidseitig mit dem Buchstaben „H" aus braunem Canson kennzeichnen.

3 Das Mädchen nur mit Stiefeln und Mantel an der Standfläche bzw. dem Pfosten befestigen (s. Vorlage). Den ockerfarbenen Schirmstock an die Hand, die Schulter und den Pfosten kleben. Auf das hellgrüne Schirmteil zwei türkisblaue Bahnen setzen und den Schirm am Stock und am Pfosten befestigen. Den Dackel aus Tonkarton fertigen, die Ohren einschlitzen und leicht nach oben biegen. Den Hund und die Blätter mit nur wenigen Punkten Klebstoff anbringen. Auf der Rückseite die fehlenden Teile entsprechend ergänzen.

4 Für die Haare ca. 26 Stickgarnfäden von 10 cm Länge abtrennen, von der Stirn (Ponyhaare) über den Hinterkopf bis zum Nacken legen und so befestigen. Die Haare auf der Rückseite genauso anbringen.

5 Das Kopftuch aus Baumwollstoff nach der Beschreibung von Seite 12 anfertigen. Die vordere Kante etwas nach innen einschlagen, das Tuch um den Kopf legen und vorne doppelt verknoten. Den Rand mit etwas Klebstoff (Klebestift!) am Kopf befestigen. Die Augen einzeichnen, die Wangen mit Wachsmalstift betonen.

Angler im Ruderboot

VORLAGE
Motiv 17

MATERIAL
- *Tonkarton in Hellgrün, Mittelgrün, Blau, Dunkelbraun*
- *Tonpapier in Hellblau*
- *Canson in Rosé, Gelb, Türkisblau, Hellbraun*
- *Wellpappe in Rot*
- *naturfarbenes Leinenstickgarn*
- *ein Stück dünner Draht*
- *schwarzer Filzstift*
- *Lochzange*

1 Die Motivteile aus Tonkarton, Tonpapier, Canson und Wellpappe doppelt schneiden, nur das hellgrüne Innenteil des Bootes einfach fertigen.

2 Die Figur aus Kopf, Haaren, Hut, Pullover und Hose zusammensetzen. Das Gesicht zeichnen. Den Arm mit der Hand nur an der Schulter befestigen.

3 Die mittelgrüne Außenwand des Bootes mit nur wenigen Punkten Klebstoff an Bug und Heck auf das Innenteil setzen, der Mittelbereich bleibt offen. Alle Bootsränder zuerst waagerecht, dann senkrecht mit Streifen aus Wellpappe belegen. Auf der Bordwand mit drei Strichen die Verschalung markieren. In den blauen Eimer einen Fisch stecken und von hinten die hellblaue Wasserfläche gegenkleben.

4 Den Angler in das Boot setzen und dabei teilweise hinter die Außenwand schieben. Ein braunes Brett und den Eimer ebenso anbringen. Die doppelt geschnittenen Teile von Stiefel und heraushängender Sohle deckungsgleich kleben, dabei die Stiefel- und Sohlenspitze offenlassen. An der vorderen Schuhkante vier Löcher einstanzen (Lochzange).

5 Die zwei Teile der Angelrute gegengleich aufeinanderfügen und daran einen ca. 16 cm langen Stickgarnfaden knoten. Aus Draht einen „Angelhaken" biegen und an der Schnur befestigen. Den Schuh oben links durchbohren, den Haken durch das Loch hindurchziehen. Die Rute an der Hand des Anglers und den Stiefel am Heck anbringen, dabei beachten, daß die Angelschnur gespannt ist. Zuletzt das gelbe Ruder mit der Halterung und die gelbe Schnurrolle ergänzen. Das Bild auf der Rückseite entsprechend gestalten.

Eule

Vorlage
Motiv 18

Material
- *Tonkarton in Schwarz, Hellbraun*
- *Canson in Weiß, Orange, Gelb, Mittelbraun, Rotbraun, Dunkelbraun, Schwarz*

1 Den Kopf, das gerundete Bauchteil und die beiden Flügel aus hellbraunem Tonkarton doppelt anfertigen. Die drei Gefiederreihen aus Canson in unterschiedlichen Brauntönen herstellen. Bauchteil, Kopf und Gefieder der Eule zusammenfügen, dabei die unteren vier Lagen jeweils nur am oberen Rand mit Klebstoff bestreichen, so daß das Gefieder plastisch erscheint.

2 Für die Augen je zwei Kreise aus dunkelbraunem, weißem, orangefarbenem und schwarzem Canson doppelt zuschneiden und aufkleben, zuvor den gelben Schnabel darunterschieben. Auf den Ohren rostbraune Innenohren anbringen, dann die Flügel ergänzen. Alle Teile nur mit je einem Punkt Klebstoff befestigen und die Ränder etwas abstehen lassen.

3 Den Ast aus schwarzem Tonkarton einfach zuschneiden und von hinten an der Eule anbringen. Die orangefarbenen Krallenfüße daraufsetzen und auf der Rückseite alle Bildteile deckungsgleich dagegenkleben.

Gewichtheber

VORLAGE
Motiv 19

MATERIAL
- *Tonkarton in Ocker, Beige, Dunkelgrau, Schwarz, Weiß*
- *Tonpapier in Hellblau*
- *Canson in Rot, Rosé*
- *Wellpappe in Blau, Silber, Braun*
- *schwarzer Filzstift*

1 Den Körper des Bären aus ockerfarbenem Tonkarton nur einfach, alle weiteren Bildteile aus Tonkarton, Tonpapier, Canson und Wellpappe doppelt zuschneiden.

2 Das weiße T-Shirt anbringen und mit hellblauen Streifen bekleben. Eine blaue Hose aus Wellpappe darüber befestigen, mit rotem Gürtel und einer grauen Schnalle vervollständigen.

3 Den Kopf mit Schnauze und Ohrmuscheln versehen. Weiße Augenpunkte anbringen und Pupillen und Maul zeichnen. Eine braune Nase aus Wellpappe ergänzen. Den Kopf auf dem Körper ankleben (s. Abb.).

4 Für die Hantel zwei graue Gewichtscheiben mit roten Muttern bekleben und durch beide Papierlagen hindurch einschlitzen. Jedes Teil mit einem gebogenen Streifen aus Wellpappe belegen. Den schwarzen Stab aus Tonkarton durch die Scheiben hindurchziehen und die Hantel an den Armen des Bären befestigen. Darüber die Tatzen kleben. Den Bären und die Hantel auf der Rückseite vervollständigen.

Spielende Katzen

VORLAGE
Motiv 20

MATERIAL
- *Tonkarton in Schwarz, Rot, Weiß*
- *Canson in Weiß, Gelb*
- *rotes Topflappengarn*
- *Zirkel*

1 Eine Scheibe aus rotem Tonkarton von 7 cm Durchmesser mit Topflappengarn umwickeln. Die schwarzen Motivteile der beiden Katzen, die gelben Augen und alle weißen Bildelemente dann doppelt ausschneiden.

2 Die rechte Katze aus Kopf und Körper zusammenfügen. Für die linke Katze aus weißem Tonkarton ca. 4 cm lange, für die rechte Katze etwa doppelt so lange, sehr schmale Streifen als Barthaare zuschneiden. Die Bartstreifen jeweils unter der weißen Schnauze befestigen, dann die weißen Innenohren, die Schwanzspitzen und die Pfoten aufkleben. Gelbe Augen mit schwarzen Pupillen anbringen.

3 Bei beiden Katzen die Rückseite deckungsgleich ergänzen, dabei jeweils die vorderen Pfoten, bei der geduckten Katze zusätzlich noch das Kopfteil, nicht zusammenkleben. Die fertigen Tierfiguren von beiden Seiten auf den Ball schieben und dort ankleben. Vorher auf einer Seite ein langes Fadenende und auf der anderen eine Fadenschlinge vom Knäuel lösen. Die Fäden den Katzen um die Vorderpfoten schlingen und mit wenig Klebstoff befestigen.

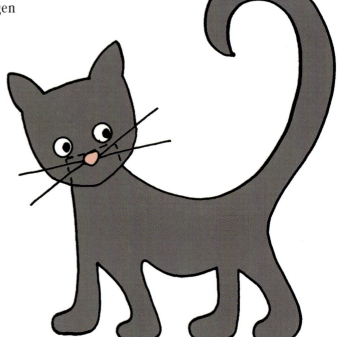

57

Gärtner

VORLAGE
Motiv 21

MATERIAL
- *Tonkarton in Mittelgrün, Dunkelgrün, Mittelblau, Ocker*
- *Canson in Rosé, Türkisblau, Gelb, Dunkelrot, Braun, Ocker*
- *Wellpappe in Gelb, Braun, Rot*
- *Strohhalme (Natur)*
- *schwarzer Filzstift*

1 Sämtliche Bildteile aus Doppellagen von Tonkarton, Canson und Mikro-Wellpappe schneiden.

2 Den Kopf der Figur mit dem Hals verbinden, das Haarteil aus Canson aufschieben, den Hut darüberstülpen. Mit Filzstift Augen und Mund zeichnen. Den roten Pullover und die grüne Schürze anbringen. Halstuch, Tasche, Ärmelstreifen und Hutband ergänzen.

3 An der braunen Schubkarre aus Wellpappe ein gelbes Innenteil aus Canson von hinten befestigen, jedoch nur die Seiten ankleben, die vordere Wand bleibt lose. Die Karre mit einer Radaufhängung und einem roten Wellpappe-Rad versehen. Harke, Schaufel und den Spatenstiel auf der Ladefläche anbringen.

4 Darüber, von außen nach innen geklebt, kreuz und quer kurze, gespaltene Strohhalmstücke anordnen.

5 Bei der Gießkanne die Öffnung mit türkisblauem Canson hinterkleben und das fertige Teil hinter die Vorderwand der Schubkarre stecken. Die Arme des Gärtners so anbringen, daß die Hände genau die Griffe der Schubkarre fassen.

6 Die Figur auf der Rückseite gegengleich arbeiten, dabei zunächst Kopf, Haarteil und Hut getrennt aufeinanderstecken, dann als Ganzes anbringen.

Winter

Eisbärmutter mit Kind

VORLAGE
Motiv 22

MATERIAL
- *Tonkarton in Weiß*
- *Canson in Schwarz*
- *Wellpappe in Schwarz*
- *dünner roter und blauer Baumwollstoff (einfarbig oder kleingemustert)*
- *schwarzer Filzstift*

1 Alle Bildteile für den kleinen und den großen Eisbären aus doppelt gelegtem weißem Tonkarton ausschneiden. Die Körper deckungsgleich aufeinanderfügen, dabei die Bauchseiten vom Hals ab 6 cm bzw. 8 cm offen lassen.

2 Dem großen Bären den linken Arm und das linke Bein aufkleben, den rechten Arm zwischen Vorder- und Rückseite einschieben. Die Ohren bei beiden Bären ankleben, zuvor ein sichelförmiges schwarzes Teil daruntersetzen. Jedem Tier eine Schnauze aus schwarzem Canson aufkleben und mit Filzstift Augen und Bartstoppeln zeichnen.

3 Die Bären mit einem doppelt geschnittenen Autoreifen aus Wellpappe verbinden. Diesen zunächst auf dem großen Bären befestigen, dann bei dem kleinen Bären zwischen Vorder- und Rückseite stecken (s. Abb.). Den Arm des Bärenkindes so befestigen, daß die Tatze lose auf dem Reifen liegt. Das Fensterbild auf der Rückseite vervollständigen.

4 Für beide Eisbären Tücher anfertigen (s. Seite 12) und jeweils um den Hals knoten.

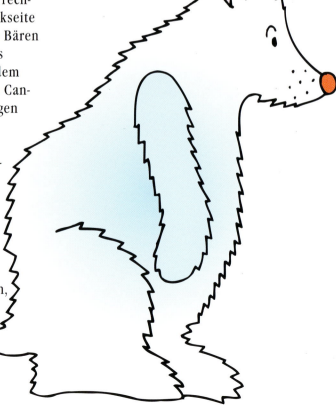

Rabe auf Schlittschuhen

VORLAGE
Motiv 23

MATERIAL
- *Tonkarton in Schwarz, Hellrot*
- *Tonpapier in Weiß*
- *Wellpappe in Gelb, Grün, Silber*
- *rotes Atlasband*
- *Lochzange*

1 Die Einzelteile des Raben mit Ausnahme der roten Beine aus Tonkarton, Tonpapier und Wellpappe doppelt zuschneiden. Bei der Wellpappe den Rippenverlauf beachten.

2 Den Schnabel aus rotem Tonkarton am Kopf befestigen, dabei die obere Hälfte teilweise über die untere legen. Die beiden Beine von hinten an den Körper kleben, die grünen Stiefel mit silbernen Schlittschuhen aus Wellpappe ergänzen. Gelbe Stiefelkappen anbringen. Das Auge aus weißer Grundfläche und schwarzer Pupille gestalten.

3 Den Flügel nach der Vorlage am Körper befestigen, zuvor den unteren Rand mit einem weißen Streifen hinterkleben. Aus gelber Wellpappe einen Schal anbringen, mit einem gelben Knoten und grünen Streifen verzieren.

4 Den Raben auf der Rückseite deckungsgleich vervollständigen. In jeden Stiefel ein Loch einstanzen, ein etwa 15 cm langes rotes Band einziehen und zur Schleife binden.

Schneemann

VORLAGE
Motiv 24

MATERIAL
- *Tonkarton in Weiß, Rot, Braun*
- *Canson in Orange, Schwarz, Blau*
- *Tonpapier in Rot*
- *rotes und blaues Topflappengarn*
- *ein kleines Stück Pappe*
- *fester Baumwolltrikot in Blau (T-Shirt-Stoff)*
- *Borsten (z.B. vom Handfeger)*
- *Faden*
- *Lochzange*

1 Die sechs Schneeflocken einfach, den Schneemann und alle weiteren Bildteile zweifach zuschneiden. Den Hand- und Beinschlitz für die Innenkonturen mit blauem Papier hinterkleben und die Körperteile des Schneemanns deckungsgleich aufeinanderfügen, dabei die rechte Hand offen lassen. Augen, Mund und Nase anbringen, die Mütze mit einer Krempe ergänzen.

2 Für den Bommel rotes Topflappengarn vielfach um einen 2 cm breiten Pappstreifen wickeln, einen Faden längs durchziehen, das Garn zusammenbinden, dann die Wickelfäden mittig aufschneiden. Die Enden des Fadens von hinten an der Mütze befestigen, evtl. einen Streifen Tonpapier darüberkleben. Beide Schuhe mit vier Paar Löchern versehen, blaues Garn als Schnürsenkel hindurchziehen und zur Schleife binden. Die Schuhe anbringen und die Figur noch mit drei schwarzen Knöpfen schmücken.

3 Die eine Hand jeweils nach vorne und hinten um den Besenstiel klappen. Den Stiel noch an der Schuhsohle befestigen. Das rückwärtige Teil deckungsgleich dagegenkleben, dann ein Bündel von 11 cm langen Borsten anbinden. Auf der Rückseite alle sonstigen Bildteile ergänzen.

4 Zwei lange Fäden durch die markierten Punkte an den Armen führen und vier Schneeflocken anknoten. Die Fäden der restlichen zwei Schneeflocken an die Schuhe knoten oder zwischen den doppelten Teilen befestigen. Aus Baumwolltrikot ein ca. 34 x 5 cm großes Schalstück fertigen und um den Hals des Schneemanns binden.

Eskimo

VORLAGE
Motiv 25

MATERIAL
- *Tonkarton in Weiß, Blau, Rot*
- *Tonpapier in Hellgrün*
- *Canson in Rosé, Braun, Blaugrau, Schwarz*
- *Wellpappe in Silber, Gold, Rot*
- *schwarzer Filzstift*

1 Rahmen und Eisscholle aus weißem Tonkarton zweifach anfertigen. Die beiden Rahmenteile deckungsgleich gegeneinanderkleben. Auf der Vorder- und Rückseite die Eisfläche anbringen.

2 Für den Eskimo sämtliche Bildelemente aus Tonkarton, Tonpapier, Canson und Wellpappe doppelt schneiden, nur die linke Hand wird einfach gefertigt. Die Figur nach der Vorlage aus Kopf, blauer Jacke, blaugrauer Hose und roten Stiefeln zusammenfügen.

3 Die Jacke mit Passe und Streifen aus hellgrünem Tonpapier, mit roten Streifen und roten Knöpfen sowie einem silbernen Besatz aus Wellpappe schmücken. Die Stiefel erhalten blaue Bänder aus Tonkarton. An den Armen die roten Fäustlinge von hinten befestigen. Die Haare aus schwarzem Canson an den Kopf kleben. Den silbernen Mützenbesatz so anbringen, daß sich die runde Innenlinie mit der Halsrundung der Jacke zu einem Kreis schließt (s. Abb.). Mit Filzstift das Gesicht zeichnen.

4 Den Eskimojungen so im Rahmen befestigen, daß die Füße auf der weißen Fläche stehen und der Kopf die weiße

Quersprosse berührt. Die Figur neigt sich dabei leicht nach links.

5 Den doppelt geklebten goldenen Fisch auf einen Faden ziehen und an der Hand des Eskimos festknoten. Aus braunem Canson den Hund fertigen. Mit einem roten Halsband ausstatten, das Auge einzeichnen und an der rechten Außenecke des Rahmens anbringen. Das Bild auf der Rückseite entsprechend ergänzen.

67

Winterbären

VORLAGE
Motiv 26

MATERIAL
- *Tonkarton in Ocker, Rot, Beige, Schwarz, Rot*
- *Canson in Grün, Dunkelbraun, Rosé*
- *Bristolkarton in Weiß*
- *Goldfolie*
- *naturfarbenes Leinen- oder Baumwollstickgarn*
- *schwarzer Filzstift*
- *Grafikermesser*

1 Sämtliche Bildteile für die drei Bären doppelt ausschneiden.

2 Zunächst die Instrumente fertigen: Beim Baß die geschwungenen Schalllöcher herauslösen (Grafikermesser!), mit beigefarbenem Tonkarton hinterkleben. Die drei Saiten aus Stickgarn oben und unten befestigen, am Hals mit der Schnecke, unten mit dem spitzen Saitenhalter überkleben, mit Wirbel und Steg vervollständigen. Bei der Geige die Saiten aus Stickgarn entsprechend anbringen, am Geigenbauch ein kleines Kreissegment über die Fadenenden kleben. Die doppelt geschnittenen Teile des Blasinstruments aus Goldfolie deckungsgleich aufeinanderfügen, beidseitig die untere Öffnung mit einem beigefarbenen Oval betonen.

3 Für den Geigenspieler den Kopf auf den Rumpf kleben und die Hosenbeine anbringen, das linke über das rechte legen. Die Füße ergänzen. Die beiden Teile der grünen Weste befestigen, dabei die Hosenträger unterschieben. Darüber den weißen Schal montieren, die Enden lose lassen. Den Kopf mit einer Schnauze aus beigefarbenem Tonkarton und roséfarbenen Ohrmuscheln versehen. Augen, Nase und Maul mit Filzstift zeichnen, die Mütze mit weißem Bommel und Besatz anbringen. Den linken Arm von hinten am Körper befestigen (s. Vorlage). Die Geige unter den Kopf und in den Armschlitz schieben und festkleben. Den rechten Arm mit nur einem Punkt Klebstoff so anbringen, daß der Finger die Saiten zupft.

4 Bei dem Bassisten Kopf und Hose mit beiden Füßen am Rumpf befestigen, dabei die Hosenträger mit einstecken. Den Schal ergänzen, die Enden lose lassen. Gesicht und Mütze wie bei dem Geigenspieler gestalten.

5 Den Bläser aus Kopf, grüner Jacke mit roten Knöpfen, roter Hose und Füßen zusammensetzen. Den weißen Schal ergänzen. Beide Ärmel anbringen (s. Vorlage). Dabei den rechten Ärmel mit dem Unterarm von hinten am Körper befestigen. Das Instrument einfügen und mit den Tatzen bekleben. Den Kopf mit beigefarbener Schnauze und Ohrmuscheln in Rosé gestalten. Die schwarze Nase aufkleben und das Auge einzeichnen. Dem Bären weiß-rote Ohrenwärmer aufsetzen. Die Rückseiten der Figuren entsprechend gestalten.

Skiläufer

VORLAGE
Motiv 27

MATERIAL
- *Tonkarton in Weiß, Rot, Braun*
- *Canson in Rosé, Grün, Türkisblau Dunkelblau*
- *gelbe und rote Stickgarnfäden*
- *Baumwolltrikot in Rot (dünner T-Shirt-Stoff)*
- *schwarzer Filzstift*
- *roter Wachsmalstift*

1 Aus weißem Tonkarton den Rahmen einfach zuschneiden. Alle farbigen Bildelemente aus Canson, Ski, Skistöcke, Mütze und Stiefel aus Tonkarton doppelt anfertigen. Die Figur zusammensetzen, dabei den vorderen Arm nur an der Armkugel ankleben. Auf der Rückseite den Skiläufer deckungsgleich kleben, jedoch die nach vorne gestreckte Hand und beide Beine mit den Stiefeln von den Knien an nach unten offen lassen.

2 Für die Haare ca. 20 gelbe Stickgarnfäden von 6 cm Länge abtrennen, die halbe Länge vorne am Kopf anbringen, über die Kopfkante legen und die restliche Länge auf der Rückseite ankleben. Von beiden Seiten die Mütze darüberkleben. Zwischen die Zipfel einige rote Stickgarnfäden schieben.

3 Den Skiläufer mit den Beinen so auf den Rahmen schieben, wie es die Vorlage zeigt. Dabei die nach vorne gestreckte Hand jeweils nach vorne und hinten umklappen und am Baum stabilisieren.

4 Vor dem Ankleben der Stiefel die Ski darunterschieben, dann schmale blaue Bindungsstreifen aufkleben. Die Skistöcke sowohl an den Händen als auch an den Bäumen bzw. an der Schneefläche befestigen. Die Rückseite des Bildes gegengleich ergänzen.

5 Mit Filzstift Augen und Beinkonturen einzeichnen, mit Wachsmalstift die Wangen betonen. Zum Schluß aus rotem Baumwolltrikot einen 15 x 3 cm langen Schal anfertigen und um den Hals des Skiläufers knoten.

Drei Pinguine

VORLAGE
Motiv 28

MATERIAL
- *Tonkarton in Weiß, Orange*
- *Canson in Schwarz*
- *Wellpappe in Rot, Grün, Gelb*
- *Transparentpapier in Weiß*
- *Lochzange*

1 Aus doppelt gelegtem weißem Tonkarton den Rahmen schneiden. Die transparente Fläche einfügen und beide Rahmen deckungsgleich aufeinanderkleben.

2 Für die Pinguine alle Einzelelemente aus Tonkarton, Canson und Wellpappe zweifach anfertigen.

3 Bei allen drei Figuren die schwarzen „Frackteile" auf die weißen Bäuche kleben. Die sechs Flügel entsprechend der Vorlage nur jeweils am Flügelansatz befestigen, dabei gleichzeitig die beiden äußeren Pinguine an dem mittleren anbringen.

4 Jeden Pinguin mit einem orangefarbenen Schnabel aus Tonkarton und weißen und schwarzen Augenpunkten (Lochzange) versehen. Die Füße ergänzen. Alle Pinguine erhalten eine Mütze und den dazu passenden Schal aus Wellpappe (s. Abb.).

5 Die Dreiergruppe so in den Rahmen setzen, daß die Mützen der beiden äußeren Pinguine den Rahmen seitlich berühren. Die noch fehlenden Bildteile auf der Rückseite dagegenkleben.

Grußkarten zur Winterszeit

VORLAGEN
s. S. 62, 66, 72, 82

MATERIAL
- *Doppelkarten in Weiß, Hellgrün, Türkis, Mittelblau mit passenden Umschlägen (aus dem Papierhandel)*
- *Tonkarton in Blau*
- *Canson in Weiß, Schwarz, Hellrot, Gelb, Grün, Rosé, Orange*
- *Silberfolie*
- *schwarzer Filzstift*
- *Lochzange*

Eskimo

An dem Körper aus blauem Tonkarton den Kopf und die Füße aus Canson anbringen und die Figur mit nur wenigen Punkten Klebstoff auf der Karte befestigen. Die schwarzen Haare, den weißen Pelzbesatz und die roten Knöpfe aus Canson ergänzen. Das Gesicht mit Filzstift zeichnen.

Schneefrau

Alle Teile für die Schneefrau aus weißem und rotem Canson sowie aus blauem Tonkarton anfertigen. Die Figur mit dem roten, geschmückten Hut versehen und auf der Karte anbringen. Gesicht und Knöpfe mit schwarzem Filzstift zeichnen und eine orangefarbene Nase aufkleben. Die Arme lose aufkleben und in den blauen Muff aus Tonkarton stecken. Ein blaues Halstuch fixieren.

Pinguin

Den schwarzen „Frack" auf dem weißen Bauch anbringen und den Pinguin mit einem gelben Schnabel und gelben Füßen vervollständigen. Augen aus weißen und schwarzen Locherpunkten kleben und den Pinguin mit roter Mütze und Schal schmücken. Die fertige Figur auf der Karte anbringen.

Rabe

Den schwarzen Körper mit einem schwarzen Flügel, roten Schnabel und roten Beinen bekleben. Die Schnabellinie mit Filzstift einzeichnen. Den Vogel mit nur einem Punkt Klebstoff auf der Karte befestigen und grüne Stiefel mit silbernen Schlittschuhen an den losen Beinen anbringen. Einen gelben Schal und gelbe Stiefelkappen ankleben. Das Auge aus einem weißen und einem schwarzen Locherpunkt fertigen.

Weihnachten

Gans mit Paket

VORLAGE
Motiv 29

MATERIAL
- *Tonkarton in Rot, Weiß, Gelb*
- *Wellpappe in Blau, Rot, Grün*
- *Geschenkband in Gold*
- *schwarzer Filzstift*
- *Bürolocher*

1 Den Rahmen aus doppelt gelegtem roten Tonkarton anfertigen und beide Rahmenteile deckungsgleich zusammenkleben. Die Einzelteile für Gans, Paket und Ilexblätter aus Tonkarton und Wellpappe zweifach schneiden.

2 Das blaue Paket auf dem Querbalken des Rahmens befestigen (s. Vorlage) und das Teil von der Rückseite gegenkleben. Ein schmales Goldband um das ganze Paket knoten und vorne, wie auf der Abbildung gezeigt, eine Schleife binden. Ein Ende des Bandes etwa 10 cm lang lassen.

3 Die Gans so auf dem Paket anbringen, daß der Schwanz den Rahmen berührt. Einen Flügel mit wenigen Punkten Klebstoff nur an der Rundung befestigen, die Federn stehen lose ab. Den Fuß und den Schnabel aus gelbem Tonkarton ergänzen und dabei das Bandende mit festkleben. Die Gans mit einer roten Schleife aus Wellpappe schmücken.

4 An der Spitze des Rahmens drei Ilexblätter anbringen und rote Punkte (Locher) darauf verteilen. Mit schwarzem Filzstift der Gans ein Auge zeichnen. Die Rückseite gegengleich ergänzen.

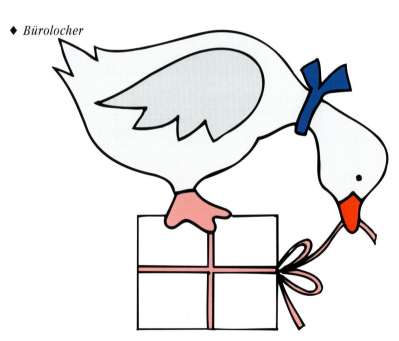

77

Tannenbaum

VORLAGE
Motiv 30

MATERIAL
- *Canson in Grün*
- *Tonpapier in Weiß, Rot*
- *Goldfolie*
- *Locheisen oder Grafikermesser*

1 Den Tannenbaum doppelt ausschneiden und deckungsgleich aufeinanderkleben, damit er eine größere Stabilität erhält. Die geschwungenen Lochreihen entweder mit einem Grafikermesser ausschneiden oder mit einem Locheisen ausstanzen.

2 Aus Tonpapier 16 Flechtherzen anfertigen. Jeweils ein rotes und ein weißes Teil zweimal einschneiden und miteinander verflechten (s. Zeichnungen 1 und 2). Die Flechtstreifen mit Tupfen von Klebstoff befestigen und an allen Herzen einen roten Aufhängerstreifen anbringen. Acht geflochtene Herzen auf jeder Bildseite auf dem Baum verteilen, dabei nur am Aufhänger festkleben.

3 Die Tannenspitze beidseitig mit einem Goldstern schmücken.

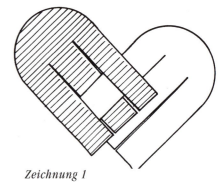
Zeichnung 1

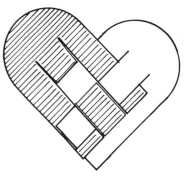
Zeichnung 2

Nachtwächter

VORLAGE
Motiv 31

MATERIAL
- *Tonkarton in Blau, Rot, Schwarz, Gelb, Braun*
- *Canson in Rosé*
- *Wellpappe in Rot, Silber*
- *naturfarbenes Leinenstickgarn*
- *dünner Bindfaden*
- *schwarzer Filzstift*

- *Grafikermesser*
- *Bürolocher*
- *Lochzange*
- *Klebefilm*

1 Die Standfläche für den Nachtwächter aus rotem Tonkarton nur einfach zuschneiden, alle weiteren Bildteile doppelt aus Tonkarton, Canson und Wellpappe anfertigen.

2 Den Kopf, den rechten Arm und die Hosenbeine mit den Stiefeln von hinten an dem blauen Mantel anbringen. Den Laternenarm nur an der Schulter festkleben. An Ärmeln und Stiefeln den roten bzw. gelben Besatz ergänzen. Den zweiteiligen Umhang aus roter Wellpappe anbringen und mit einem blauen Streifen betonen. Sechs gelbe Knöpfe auf dem Mantel anordnen.

3 Für den Mund mit dem Grafikermesser einen ovalen Ring aus rotem Tonkarton ausschneiden, aufkleben und die innere Öffnung mit schwarzem Filzstift ausmalen. Die Nase aus sechs aufeinandergeklebten Locherpunkten bilden. Zwei mittelblaue Kreise (4 mm Durchmesser) und zwei kleinere weiße Kreise (Lochzange) ergeben die Augen. Mit Filzstift Augenbrauen zeichnen.

4 Für die Haare ca. 18 Stickgarnfäden von etwa 12 cm Länge zuschneiden und oben am Kopf festkleben (s. Zeichnung auf Seite 13), dann die Frisur auf die gewünschte Länge kürzen. Mit der blauen Mütze die Klebestellen verdecken, einen schwarzen Schirm und farbige Schmuckteile anbringen.

5 Die braune Laterne mit Gelb hinterkleben und an einem Bindfaden mit einem Stück Klebefilm von hinten an der Hand befestigen.

6 Die Figur auf der Standfläche anbringen und den doppelt geklebten Stab der Hellebarde ergänzen, das untere Ende auf der roten Fläche befestigen. Die silberne Barte aus Wellpappe so ankleben, daß die glatte Seite des Materials zu sehen ist. Eine schwarze Spitze aus Tonkarton bildet den Abschluß.

7 Dem „Räuchermännchen" eine braune Pfeife mit aufgeklebtem Deckel an den Mund setzen. Die Figur auf der Rückseite entsprechend gestalten.

Weihnachtsmann

VORLAGE
Motiv 32

MATERIAL
- *Tonkarton in Rot, Braun, Blau, Hellgrün*
- *Canson in Rosé, Weiß, Grün*
- *Goldband*
- *schwarzer Filzstift*
- *roter Wachsmalstift*
- *einige dünne Äste*
- *Bindfaden*
- *Klebefilm*

1 Die Grundform des Weihnachtsmanns und die meisten Bildteile doppelt ausschneiden. Einfach gefertigt werden das große hellgrüne Paket, die Laterne, das Gesicht des Weihnachtsmannes, seine Stiefel und der nach vorne gestreckte Arm.

2 Das Gesicht, den nach vorne gestreckten Arm und die Stiefel von hinten an der Grundform befestigen, dann den Pelzbesatz und Bommel an Mütze und Mantel anbringen. Das Gesicht mit einem weißen Bart und Schnurrbart schmücken. Den angewinkelten Arm nur an der oberen Rundung ankleben. Den Sack befestigen, er wird von der Hand gehalten und etwas unter die Armkugel geschoben.

3 Drei Pakete mit Goldband verschnüren, bei dem kleinen grünen einen längeren Faden hängen lassen. Hinter dem oberen Rand des Sacks zwei Pakete und den Tannenbaum anbringen. Den Faden des dritten Pakets dort ankleben, das Paket hängt lose herunter. Die Laterne mit einem Goldband versehen, dieses um die ausgestreckte Hand schlingen. Mit Filzstift die Augen zeichnen und mit Wachsmalstift die Wangen rot malen.

4 Einige dünne Äste mit Bindfaden umwickeln, unter den angewinkelten Arm schieben und verdeckt mit Klebefilm am Mantel befestigen. Das Bild auf der Rückseite deckungsgleich ergänzen.

83

Hirten

VORLAGE
Motiv 33

MATERIAL
- *Tonkarton in Dunkelblau*
- *Canson in Gelb, Hellbraun, Rotbraun, Dunkelbraun, Graubraun, Hellbeige, Rosa*
- *Tonpapier in Schwarz, Ocker*
- *naturfarbenes Baumwoll- oder Leinenstickgarn*

1 Den dunkelblauen Bildrahmen doppelt ausschneiden und deckungsgleich aufeinanderkleben. Die Motivteile für die Hirten zuschneiden und die Figuren zusammenfügen. An dem Mantel des auf den Stab gestützten Hirten zunächst den Umhang fixieren, dann den Kopf aufkleben, beim anderen Hirten umgekehrt verfahren.

2 Die Haare aus Stickgarnfäden gestalten, Kopfbedeckungen darauf befestigen. Dazu den schwarzen Hut an der kurzen gestrichelten Linie einschlitzen (s. Vorlage) und über den Kopf schieben.

3 Die Hände ankleben und die geschwungenen Stäbe montieren. Dann die Hirten so am Rahmen anbringen, daß beide mit den Hüten den Querstab berühren. Die Schafe beliebig unten am Rand gruppieren. Die Sterne am Bogen des Rahmens dekorieren. Das Fensterbild auf der Rückseite gegengleich ergänzen.

Kerzen im Schuh

VORLAGE
Motiv 34

MATERIAL
- *Tonkarton in verschiedenen Grüntönen, Rot, Gelb*
- *Canson in Grün*
- *Wellpappe in Gelb, Rot, Gold*
- *Stickgarn in Gold*

1 Alle Bildteile für den Schuh, die Kerzen und die Zweige aus Tonkarton und Wellpappe doppelt anfertigen, nur die hochstehenden Tannenzweige aus Canson und der Lichterschein beider Kerzen werden einfach geschnitten.

2 Den roten Schuh aus Tonkarton mit einer Sohle und einem Besatz aus roter Wellpappe versehen. Für beide Kerzen die doppelt geschnittenen Teile aus gelber Wellpappe aufeinanderkleben, dabei jeweils den Lichterschein, die goldene Flamme und an der höheren Kerze auf halber Höhe einen Tannenzweig einschieben.

3 Die Kerzen von hinten an dem Schuh befestigen, dann die anderen Teile dekorieren. Zunächst die beiden äußeren Tannenzweige hinten ankleben, danach alle hellgrünen Stengel und zuletzt die Ilexzweige und das über den Schuhrand hinausragende Grün einfügen.

4 Die Bildteile auf der Rückseite gegengleich anbringen, dann auf beiden Seiten mit roten Beeren und goldfarbenen Kreisen dekorieren. Zwei Herzen aus goldfarbener Wellpappe schneiden, mit Stickgarn auffädeln und jeweils über einen Tannenzweig hängen.

87

Schaukelpferd

VORLAGE
Motiv 35

MATERIAL
- *Tonkarton in Weiß*
- *Canson in Grün, Rot*
- *Goldfolie*
- *naturfarbenes Leinenstickgarn*
- *brauner Lederrest (dünne Qualität)*
- *schwarzer Filzstift*

- *Lochzange*

1 Die Grundform und alle weiteren Bildteile doppelt anfertigen. Die weißen Grundformen deckungsgleich aufeinanderkleben.

2 An dem roten Zaumzeug und „Bauchgurt" kleine Löcher ausstanzen und auf dem Pferd befestigen (s. Vorlage). Den roten Sattel mit dem grünen Musterteil bekleben und anbringen. Für den Ziergurt einen roten Streifen aufkleben, darauf acht kleine und eine größere grüne Schnalle dekorieren. Die oberste Schnalle beim Sattel nur mit einer Kante ankleben, der restliche Teil bleibt lose.

3 Die Füße mit roten Hufen versehen und von hinten an das Schaukelteil setzen, die wellenförmige Verzierung und die goldenen Kreise anbringen. Alle Bildteile auf der Rückseite dagegenkleben. Die Zügelschnalle bleibt auch hier einseitig lose.

4 Für die Mähne etwa 130 Stickgarnfäden von 9,5 cm Länge zuschneiden. Die obere Halskante des Pferdes auf Vorder- und Rückseite einen halben Zentimeter breit mit Holzleim einstreichen, die Fäden mit ihrer halben Länge am Hals aneinanderreihen, über die Kante legen und die andere Hälfte an der Rückseite des Kopfes befestigen, dabei jedesmal mit dem Fingernagel fest anpressen. Etwa 20 Fäden dabei zwischen die Ohren legen und ebenso befestigen.

5 Einen Schweif aus 40 Fäden von 20 cm Länge fertigen. In der Mitte mit einem Stickgarnfaden bündeln und beidseitig am Hinterteil ankleben.

6 Aus einem Lederrest für die Zügel einen ca. 35 x 0,3 cm langen Streifen zuschneiden. Jedes Ende auf der Vorder- und Rückseite durch die lose grüne Schnalle ziehen, jeweils an einem grünen Schmuckring befestigen und diesen an das Zaumzeug kleben. Beidseitig einen zweiten Ring ergänzen. Augen und Nüstern einzeichnen.

Sternenengel

1 Aus doppelt gelegtem weißem Tonkarton den Rahmen schneiden. Die Wolke mit weißem Transparentpapier hinterlegen und die beiden Rahmenteile aufeinanderkleben.

2 Für den Engel alle Einzelteile aus Tonkarton, Tonpapier, Canson und Wellpappe zweifach anfertigen.

3 Den Kopf mit dem Hals verbinden und von hinten an dem türkisfarbenen Kleid anbringen, ebenso die Hände und Füße. Das Gesicht mit Filzstift zeichnen und die Wangen mit rotem Wachsmalstift betonen. Die dunkelblauen Musterteile mit nur wenigen Punkten Klebstoff auf dem Kleid befestigen.

4 Für die Haare ca. 26 gelbe Stickgarnfäden von etwa 14 cm Länge zuschneiden. Den Kopf nur oben und an den seitlichen Rändern dünn mit Holzleim bestreichen, damit die Haare sonst lose bleiben (s. Seite 13). In der gewünschten Länge abschneiden und die obere Klebestelle mit einem goldenen Stern verdecken.

5 Die goldenen Flügel aus Wellpappe von hinten mit Holzleim an das Kleid montieren (s. Vorlage). Den Engel in den Rahmen setzen, dabei darauf achten, daß der rechte Flügel vom Rahmen gehalten wird. Die gelben Sterne ergänzen, den unteren auch an der Wolke befestigen.

6 Auf der Rückseite den Engel deckungsgleich ergänzen. Beim Gegenkleben des Kopfes seitlich für die Enden des Stirnbandes eine Öffnung lassen. Die Haare auf der Rückseite anbringen, ein goldenes Band vorne und hinten um die Stirn knoten und die Enden seitlich einstecken.

Vorlage
Motiv 36

Material
- *Tonkarton in Weiß, Gelb*
- *Tonpapier in Dunkelblau*
- *Canson in Türkis, Rosé*
- *Wellpappe in Gold*
- *Transparentpapier in Weiß*
- *schmales Goldband*
- *gelbes Leinen- oder Baumwollstickgarn*
- *schwarzer Filzstift*
- *roter Wachsmalstift*

Birgit Utermarck, die mit ihrer Familie in der Nähe von Hannover lebt, ist ausgebildet als Berufsschullehrerin für Textilgewerbe. Seit fast zwanzig Jahren gibt sie Kurse für Textil- und Papiergestaltung. Bei Christophorus hat sie erfolgreiche Bücher zum Thema „Papierschmuck" veröffentlicht.

© 1998 Christophorus-Verlag GmbH
Freiburg im Breisgau

Alle Rechte vorbehalten –
Printed in Belgium
ISBN 3-419-53572-4

Jede gewerbliche Nutzung der Arbeiten und Entwürfe ist nur mit Genehmigung der Urheberin und des Verlages gestattet. Bei Anwendung im Unterricht und in Kursen ist auf dieses Buch hinzuweisen.

Styling und Fotos: Roland Krieg, Waldkirch
Redaktion: Dr. Ute Drechsler-Dietz
Zeichnungen: Birgit und Klaus Utermarck
Umschlaggestaltung und Layoutentwurf:
Network!, München
Produktion: Print Production, Umkirch
Druck: Proost, Turnhout 1998

Hier zeigen wir Ihnen eine Auswahl unserer beliebten und erfolgreichen Bücher – und wir haben noch viele andere im Programm.
Wir informieren Sie gerne,
fordern Sie einfach unsere Themenprospekte an:

Bücher für Ihre Kinder:
Basteln, Spielen und Lernen mit Kindern

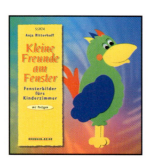

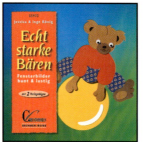

Wir sind für Sie da, wenn Sie Fragen zu AutorInnen, Anleitungen oder Materialien haben.
Und wir interessieren uns für Ihre eigenen Ideen und Anregungen.
Faxen Sie, schreiben Sie oder rufen Sie uns an.
Wir hören gerne von Ihnen!
Ihr Christophorus-Verlag

Hermann-Herder-Straße 4
79104 Freiburg i. Breisgau
Telefon: 0761 / 2717-268 oder
Fax: 0761 / 2717-352

■ Bücher zum textilen Handarbeiten:
Sticken, Häkeln und Patchwork

■ Bücher für Ihre Hobbys:
Stoff- und Seidenmalerei, Malen und Zeichnen, Keramik, Floristik

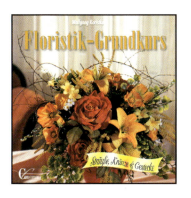

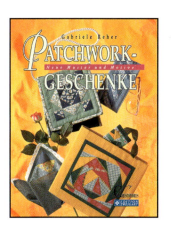